AF191743

seelengruende

arne-wigand baganz

© 2004 Arne-Wigand Baganz

Umschlaggestaltung u. -fotografie: Arne-Wigand Baganz

Herstellung und Verlag: Books on Demand GmbH, Norderstedt

ISBN 3-8334-1226-7

Inhalt

Arne-Wigand Baganz

seelengruende

Kein Vorwort

Arne-Wigand Baganz

Gar schräg wandelt die Nacht

Kristallene Schritte zerbrechen weich im Mund der Hoffnung
Und ein Klirren geht durch eisige Lüfte.

Zebrastreifen schwarz-rot treffen sich in einer dunklen Galaxie,
Offen der Mund im Sternensee blauer Augen.

Saturn zieht bleiche Kreise,
Oder ein stummer Schweif verlöscht, vergißt sich.

Traurig ragt der Turm aus ew´ger Nacht schlank,
Und grausam stirbt in ihm die letzte Wahrheit.

Die Erde glüht! Die Erde glüht!

Gedicht #47

In unendlicher Einsamkeit
schwelgt tosend die Muse,
leuchtet ein Glanzlicht
so fern von so nah.
Am Himmel die Pforte –
ein Stern in Flammen,
weint lautlos der Jüngling
sein letztes Hurra.
Streift der Wind wortlos
durch darbende Gassen,
liegen Kakteen faulend im Dreck:
Zergliederte Körper umfassen die Wahrheit
wie zahnlose Räder als Sinn ohne Zweck.

Abschied

Ich, Du seiend,
verdrehe die Augen
im Spiegel meines Lebens
nach dem Tor in die Unendlichkeit,
wo einem alten Löwen die Mähne weht
im kühlen Hauch des Todes.
Aber ich kann nicht entsteigen
dem Meer geschwärzter Rosen,
die mich in ihrem Schweigen feierlich umranken
in meinen letzten Stunden.

Furcht I

Denn wer schon einmal im Himmel war,
wird den Tod nicht mehr fürchten.

Der Schattenmensch

Schwermütig steigt der Schattenmensch den Abgrund empor
und nährt die Schlange, die listig sich um seine Füße windet.
Noch jung ist der Tag an Toten
Und ein Hauch von Leben durchzieht die dünnen Lüfte.
Immer sucht die Natur fruchtbare Wege,
die der Schattenmensch meidet
und die Erlösung ist seine siebte Sonne am Firmament.

Da begegnet ihm ein Knabe,
lieblich und froh seine Seele
und die Lunge atmet Sternenstaub.

Der Schattenmensch aber fürchtet
die glühende Magma des Teufels,
sein Blick schlägt schmerzenden Hass
und ein kalter Dolch funkelt
in der versteinernden Schönheit
der boshaft fließenden Erkenntnis.

So spricht der Knabe sein Stoßgebet :
die Augen leuchtend, voller Unschuld.

Und herzlos richtet der Schattenmensch
das göttliche Opfer
Und segnet den Tag bläulicher Kälte.

Er beschreitet den Weg unvergänglicher Ziele.

Wild weiden Geier den grauen Leib
und über dem Abgrund breitet weich
ein Engel die himmlischen Flügel.

Marmorn pulst sein Herz
und die Lunge atmet Sternenstaub.

karma

im ersten schnee erstickt november
meinen atem

im zweiten reißt der sturm
die leiche fort

im dritten brennt
der wahrheit tempel

und gott predigt hass
und gott preist den mord.

Letzte Reise

Honigherz schmeckt bitter, gram
das Leid brennt Male
schwarzer Scham.

Butterherz streicht locker, weich
gar gottlos glänzt
mein neues Reich.

Stullenherz bricht trocken Kerne,
ein Licht verlöscht
in ew´ger Ferne.

Leichenzug schleicht klagend, leise
Und welke Rosen wehen fort.
Verlassen liegt ein trostlos Ort,
Magnet auf meiner letzten Reise.

offenbarung I

im traume aber
erschien ihm gott
und er sprach zu ihm:

töte alle menschen,
die du liebst –
dies sei dein erstes gebot.

indes
und in tränen
entgegnete der träumende:

es ist nicht genug!
nicht genug!

leere

in versch_winden gefangen
da eis ergraut nachts mein ersterben
lautlos – und immer sind sie
ganz hold des tremors bleicher natur
wo dahinscheidend das selbst nur noch malt

null-linien EEGs

Arne-Wigand Baganz

Seelentod

des Dramas 5. Akt (die Schlußszene)

ich muß fort von hier,
muß es beginnen:
ein neues Leben!

hinter mir
seh ich die Welt
in Trümmern,
da glüht noch
der Hammer,
den manische Hände führten:
meine.

die Welt sei schön,
so sagtet ihr,
und voller Liebe,
ihr spracht
ein grausam falsches Wort!

und Erde fliegt
durch Schaufel fliegt,
ein Grab ich schaff,
in das mein Herz
zum Schlaf sich legt.

AUS!

Zenotaph

Es ist ein unerträgliches Geschrei und Kreischen in der Luft,
so das purpurne Gift sanft die hohlen Venen durchflutet.
Herzschlag humaner Unvernunft,
gebadet in den siechenden Wassern fataler Irreligiösität.
Sybaritisch teilt die warmen Leiber
Gottes allmächtige Panzerfaust.
Fehler war die Schöpfung, nun grau und stolz ermüdet.
Nur Lucretia weint in seinen Armen,
doch lächelnd er führt die Knochensäge
in schwarzen Händen.
Es ist der Duft verbrannten Menschenfleisches
das Parfüm der neuen Unzeit,
da der Kadaverberg unaufhaltsam sich emporreckt
in des Himmels faulende Sphären.

O, Du mein Ende!

Der Lust Triebfeder
gebrochen in rostiger Dekadenz,
dem dahinscheidenden Willen geopfert,
der da ist alles.
Nun zu reisen in die Ferne
macht er sich auf,
gibt ihr die kalte Hand, Lucretia!
Das stille Entschwinden der feuergenarbten Unglücksraben
verdient abermals die Kraft weiterer Leichenfelder.

So nehmt mich mit Euch!

Wieder Harfenklang
zerfällt in der Posaunenruf Tritonusklage,
hängt ihn noch höher, unvermeidlich –
reißt Herz heraus Luzifers ekle Symphonien.

Goldene Passage in Welten ohne Dimensionen,
wo der Anfang stets ist das Ende
einer in die Asche genagelten Existenz
und kopflos der Hahn kräht von ultima ratio.
Bringt ihn zum Schweigen,
denn ewig die Ruhe sei mein.
Und so es geschehe, richtet Zenotaph auf
durch Sterblichen Hände.

Und was ist mit Dir, kleiner Mensch?

Wirst Du mich küssen - oder töten?

Gemälde in Fungizid-Moll

Diese Schattenpillen muß schlucken Dein Hirschgeweih,
Wo Dämmerblut rotiert durch sägend Aasgemächer,
Daß nie wieder steigt Knochenherz reifen Listen
Und Du allein rede.

Ruf den Silberkrallen geschlagen Ohnmacht,
in Hammermusik glatt treibt Wintermeer Harke.
Nur Fäulnisbilder geht schweigen,
verweht zerebralen Mustern.

Dem Kindfluch weißer Vogelsang,
hinter Gewehr schreit reglos Lippen.
Starrend zwei, Siebenmond Furcht –
Der du bist ein Hammel.

ketten

es bewegt sich.
heimlich und langsam.
in der dunkeltheit.
flüchtige schemen nur.
huschen durch die dumpfen wälder.
verhallen in der einsamkeit flehender hasen.
zittern vor ruhsamer enttäuschung.
lauschen durch silberne türen.

mein atem.
schneller geht.
vibriert.
in salzigen tropfen.
auf einmal dann.
ihr gesicht sich zeigt.
hinter schwarzen masken.
brennende augen.
und ein schmales lächeln.
dann die scham.
rotwehendes haar und leicht.

wieder wird.
eine zeit vergehen.
aber nicht länger.
nicht mehr.

bald hilft kein weinen.
nur das wissende.

schweigen.

Erinnerung

So fern das Wesen,
in dessen Seelen Tiefe
meine starren Augen
niemals schauten –
und doch schimmert es
wie das kühle Licht eines alten Sterns
in einsamen Nächten.

In meinen Gedanken –
nur dort
bist Du hier.

Du gibst mir Deine welke Hand.

Elektra 2

Der Glutseele Silber
erstickt schweigend die Worte,
vergreift das Genick
starr zu erbrechen
und immer sinkend
schnellt es empor
im Blutsturm
des Vaters schwarzen Leichnam.

*Der Rache gütig Wesen
ist das Vogelkleid.*

spielplatz

eines malt in asche
graue alptraumfantasien,
ein and´res tötet
menschliche insekten,
ein drittes ist
am hass erstickt,
das nächste stirbt
in einsamen verstecken.
nur das letzte
wurde glücklich
immer wieder

abgetrieben.

spruch des tages

lass die welt brennen
denn sie ist grausam
und töte lieber

für einen guten zweck.

weit weg

wir liegen auf himmelsfelsen und toeten gedanken,
als seien sie kleine teufelskinder.
die stille luft schmeckt suess
und scheint viel schwerer
als dein warmer atem.
deine hand greift meine hand,
waescht all den schmerz
aus meinen trueben augen.

und dann frage ich dich,
dann frage ich mich:

„bist du bereit, mit mir zu gehen?"

vom schwach//sinn des lebens

[a presto zu lesen]

schwarz ist der schmerz –
kannst du ihn sehen?
er leuchtet nicht.
erleuchtet mich,
der schmerz allein
ergibt den sinn.

im dorf
die scheunen brennen,
in schärfer
die bräunen, schenken.
kar–kar–kar ertönt
der rabenruf.

er liebt den strick,
sie liebt den strick.
die würgemale
bluten blei.

von den wäldern
alle bäume
allen menschen
1000 jahre
siegen ewig
leben leben.

hunde scheitern
gossenliese
hoch da, hoch die
hohe ziege.

melk gemolken
lecker trinken
ka.kadaver
fleisch und schinken.

honigamsel
wird es werden,
gründlich putzen
schlaf ernähren.

rosen steigen
glut der nächte,
wieder zahlen
und so weiter.

herz verbiegen,
rasen mähen.
schlafe schlafe
tod und ewig.

kann der könner
kannen könn,
kann er können
kann er könn.

blakawi!
dadirigu!

ja, hm?
ja, hm!

scherben

als das leuchten in deinen augen erlosch,
starb ein kleiner engel –
und im klirren zerbrachen seine fluegel, so traurig.
scherben auf mein grab.

tausend lieder, grau und blutverschmiert,
fließen nun aus meinem herzen,
und wie vereiste schneeflocken
traegt es sie durch die trockenen luefte.

als in der nacht die letzte glut verschied, ganz ploetzlich,
stand ich vor der asche eines feuers,
das niemals brannte – nur in meinem kopf.
in ewigkeit die illusionen lachen.

die warme asche in meinen haenden –
der rachegoetter nahrung.

als das laecheln in deinen augen starb,
verbrannte ein kleiner engel.

erdgesicht, verweht

schwarze schatten an der wand —
wie zehntausend jahre schweigen
gemalt im blut kleiner katzen
sie kaempften lange umsonst

aber nun:

die nebelwinde wehen
durch kranke hirne,
loeschen froehlich aus
lebensflammen

das fruehjahr versinkt
winterlich im herbst
der sommer bruetet
pestgewebe

und immer wieder sie kommt
aus des priesters garten —
das laecheln einer goettin
zerfrisst ihr bleiches gesicht

gemeinsam werden wir
niemals sein
aber im fallen
ein neues ziel erreichen

die erde, die sehnsucht
und traenen in den augen.

entitaet

ein auge im licht
im licht ein auge
ein gedanke im gehirn
im gedanken ein gehirn
das universum in mir
im universum ich

so ist alles eins

und ich bin,
bin ich.

die liebe gottes

jedes herz muss gebrochen werden,
und jedes kind gebeugt,

jeder gedanke sei gefangen

für die liebe gottes.
für die liebe gottes.
für die liebe gottes.
für die liebe gottes.

doch er ist tot.

oceana morgana

silber ist
mein blatt umwunden
traenkt sich blut
in stillsten stunden
reist die kraft
auf alten wegen
mag die faust
sich selbst zerlegen

wieder kommt
ein grau geschrei
endlich ist
die zeit vorbei.

paradiesodysseen

vom mond er nahm
das gold argentiniens
den schlamm weiter wuesten
aus quecksilberstahl

es ist der moment
der atmet fluessigen sand
und ich treibe blind
in schwarzen seelen.

der dolch entjungfert
tagesreisen nach norden,
und graue schlote der steinzeit
regen in mir

paradiesodysseen.

vielleicht

was tun wir hier?

spinnen wir fantasien aus seide,
bis sie in knochigen haenden zerreissen?

spielen wir auf goldenen harfen,
bis das triton-horn uns weckt?

vielleicht.

.

vereint

deine augen,
wie oft habe ich sie schon gesehen,
in sie schauend,

bin ich in ihnen versunken
und wieder aufgetaucht
als reiner geist.

deine gedanken,
wie oft habe ich in ihnen gelesen,
ausdauernd lauschend
habe ich dich erkannt,
so wie du mich erkanntest.

und immer werden
unsere herzen schlagen

in ewigkeit vereint

dissoziation #01

des knaben augen sind starr
so weit geoeffnet
in ausdrucksloser leere
seine seele spricht

von furcht

die bachtrompeten jammern
grau-tiefe harmonien
sieben kreuze verschluesselt
und weisse schlangen

[…]

ein menschenkind ist auf der flucht
laecherlich erscheint die kleine figur
als zitternde silhouette
die schmalen beinchen brechen
im laufen und es ertrinkt weinend
in sauren traenen.

im gebete zu dem einen,
still bittend, flehend
hoert es zu im traume

in fernen illusionen
frieden und rettung

[…]

felder der einsamkeit
und keine stimme im schweigen
es verstecken sich hasen
in bleicher angst

[…]

kaemmt die mutter den knaben
er bewegt sich nicht
nur seine augen
sind starr und weit geoeffnet
in ausdsruckloser leere
seine seele spricht

von furcht.

kraft durch liebe

eine welt zu erschaffen in tausend farben
leuchtend wie der glanz warmer augen
verhalten grueßen bleiche schimmer des glueckes,
wie sie hervorbrechen aus dichtem nebel
loechrige streifen, die zerreissen in meinen haenden

die kraft aber ist in mir

im himmel weisse wolken auf dem rueckzug
die trockenen pfade sind die letzte flucht
gottes stolzer krieger
die in entseelten koerpern
schleichen voran immer
die kraft aber ist in mir

dein antlitz
versteckt hinter brennenden bueschen
es knistert die gruene flamme
und grauer rauch
der duft deines blutenden herzens
wie ein reh
manchmal erscheinst du als sonne
ganz kurz

gedanken werden form
woerter in transparenten dimensionen
der dolch stochert zaghaft im gewebe
trifft hin und wieder
einen knochen der liebe
splittert wunderbar

dann trittst du hervor majaestisch
voller bedacht in der loewen eleganz
ergreifend mein wesen
alles aendert sich

so die kraft wird in uns.

Der Vogel

Ein Habicht am Himmel und schön
funkeln seine Augen mich an.
Etwas schüchtern und lieb
aus seinem schwarzen, ebenen Kleid
eine Feder fällt
in meine Hände leicht

Ich aber schenke Dir
eine Rose.

traeume

traeume hinein in ferne welten
wenn melodien regnen herab
aus roten wolken –
aus blauen

gleite ich dann
auf sueßen harmonien

fort von hier

wo ich nicht bin
nur ein koerper.

denkmal

er verneigt sich
vor dem stein
gedenken den gewesen einst
die da starben
fuer wen -
ist es egal
denn damals
ohne bedeutung ist jetzt
nur der stein
geblieben

kosmonaut

klein und fern meine heimat unter mir
undenkbar, jemals dort gewesen zu sein
nur meine gedanken
oszillieren

der weg zurueck – ich weile hier
ueber wirklichkeiten

alles so klein und fern
aus diesem fenster
deren scheibe kalt
faengt auf die waerme meines atems
matter niederschlag
dann verschwindet er wieder,
gibt den blick frei
auf meine heimat

klein und fern

selbstportrait

konkurrierende systeme
ich bin die zahl
ganz halb unendlich

aus reinen poren
gedankenfluten springen hervor
ein nerv zuckt
dreht an den raedern
dann elektronen geben
antwort auf antwort
finden das gold in den bergen
eiseskalte fluesse hinab
aus denen ich trinke
und meine zaehne blinken weiss
dazwischen luecken
hervorlugt ein laecheln
sehr aengstlich
und etwas beschaemt

kein zittern.

kind aus stahl

mutter gebiert
ein kind aus stahl
damit wir es im hochofen
nach unseren wünschen
formen können.

Mohnkinder

Morphin im Marmeladenglas,
Von dem die Kinder heimlich naschen
Ich habe es gesehen

Erst neulich
Als Du Dein Haar kämmtest
Schwarze Strähnen

Dann tanzten sie
Schwer ihre Schritte
Wie alte Fliegen und fett
Die sich ein letztes Mal setzen
Zum Sterben.

Bevor sie entschlafen dann –

Ein Lächeln.

Verlorener Wanderer

Schwarzen Sonnen entgegen um Mitternacht.

Er kommt nicht voran,
da sein Weg kein Ziel kennt.
Einen Stein schleppt er
vor seinen Augen
und sieht nichts,
nur Illusionen.

Schwarzen Sonnen entgegen um Mitternacht.

Stoisch

In der Einsamkeit, verstummt –
aber stolz steht er da,
wie der Sturm
ihn niederwerfen will,
doch ist er mächtiger als alle
Gewalt und die eisigen Flammen
aus Deinen Augen blass.

Und in zehntausend Jahren noch
wird es sein
wie am heutigen Tage,
denn sein Wort ist

Wahrheit.

NADA!

all meine worte sind NADA
und NADA ist mein gott
gott des nichts, gott der leere,
gott des schwarz, gott des blutes –
all diese worte sind NADA
und NADA ist mein gott.

verbannung

als wir diesen fremdkoerper
an den rand des universums

schossen

damit er einsam stirbt
konnten wir nicht ahnen
dass er wahrhaftig
eine sonne ist

littleton paradise

wenn die dunkelheit
ein kind gebiert
und es versteckt
auf der unbesehenen
seite des mondes
erheben die stummen
fuer einen moment
ihre stimme

es ist ihr lachen
das geht durch

littleton paradise

aus den fugen

die zeit kriecht voran
nur langsam
und die stoerrischen planeten
haben laengst
ihre einst
beschriebenen bahnen
verlassen

nun irren sie blind
in ihrem zaehen schmerz
durch ein schwarzes universum
das ihr frostig´ heim ist

diese zeit ist wie sand
der aus mueden haenden rinnt
diese zeit will nicht vergehen
und die sonne will
nimmermehr scheinen

oder doch

einen tag nach
ueber-uebermorgen
und bis zum ende

im namen gottes

am fuenften tage nach der auferstehung
kehrte jesus zurueck auf die erde

des nachts

und er sprach zu seinen juengern:

im namen gottes,
fickt diesen planeten.

und sie taten, wie ihnen geheissen

liebeswehen

in der ruhe kommt
das bild deiner schoenheit

zurueck

war es doch fast vergessen
und blass

so ist es jetzt wieder da

wie ein sprung in der zeit

ist ein reissen
in meinem herzen

ohne titel

deiner augen lieblich blut
umrankt von dornen und girlanden
sie himmelwaerts gerichtet sind
ganz meiner sicht entschwanden

den stummen sternen zugetan
die manchmal voller schmerz vergluehen
und auf dem mond die blumenfelder
der schoenheit kinder niemals bluehen

und immer will die seele sich
im blinden schlaf den gram vertreiben
auch wenn das feuer die gemaelde frisst
der liebe einzigartig bilder bleiben

so denk´ ich dann an alte tage
aus einem alten leben, wie es scheint
denke an dein zartes wesen
es nicht mehr lacht und auch nicht weint

dein mutlos herz, zerstueckelt schon
schlaegt jetzt in goldbehang´nen galaxien
und oft ich kann sein zittern hoeren
es soll noch lichtes jahre weiter zieh´n

trance gedicht

```
ssssssssss
ssssssssss
ssssssssss
ssshuuuuuuu

woaaaaaaaa
huuuuaaaaa
wuhuaaaahu

bababababipbip
bababababipbip
bababababipbip

wooob wooob

bababababipbip
wawawawipbip
bababababipbip

wooob wooob
wooob wooob
wooooooooob

babadawipwip
babadawipwip
bababababipbip
bababababipbip

wooob wooob
wooob wooob

wooob wooob
woaaaaaaaa
huuuuaaaaa
wuhuaaaahu
```

```
ssshuuuuuuu
sssssssssss
sssssssssss
sssssssssss
```

un/bekannt

ich weiss nichts
ich weiss alles
ich weiss
—— nicht einmal
wie man dich nennt
aber das mag egal sein
wenn ich nur
dieses laecheln sehen darf
das alles sagt
und wer du vielleicht
sein koenntest
obschon du nur und nun bist
in meinem kopf

(gefangen)

und deinen haeltst du schraeg
mal links
mal rechts
um mich ein bisschen von hinten
aus dem augenwinkel
zu erfassen

(das mag geträumt sein)

doch schon
als ich dich
das erste mal sah
deine augen leuchtend
wie unverhofft
geoeffenete tueren
aus denen heraus
deine seele mich rief

herein

wie ein eichenbaum

noch immer steht er da
ungebrochen
und jeder sturm
und jeder krieg
konnten nicht loesen
die kraft seiner wurzeln

staerker als zuvor ist er
immer staerker als
du denkst oder
gedacht hast

wie ein eichenbaum

seine blaetter rascheln
leise im wind
und die furchen
in seinem stamm
erzaehlen dir von
gewonnenen schlachten

staerker als zuvor ist er
immer staerker als
du denkst oder
gedacht hast

wie ein eichenbaum

und stehen wird er
noch bis nach dem ende
unserer welt

wie ein eichenbaum

vulkan

wie das blonde feuer eines kamelhirten
wenn er die schleife fester
um dein siedendes hammerwerk knotet

wie eine erfrorene rasierklinge
im blutigen heuhaufen
auf dem tanzt
der braune husar

wie ein jaemmerliches floetenspiel
zur siebten stunde eines
roten schwanenjungen
in honigmilch geboren

wie der stampfende wind
in den nebligen gassen
wo himmlisches schwarz
in weiss sich kleidet

so singen sie hoch oben
so singen sie hoch oben
und hoeher noch empor!

hungerfrieden, schwarze hoffnung
steig ein, steig auf und komm heraus
nimm mich mit auf grauen schwingen
lass deinen atem hoellisch klingen
explodiere in die stille nacht
und dreh die wanduhr auf halb acht!

ich traeume

ein silberner traum
schwebt wilden fluegels
durch das muede gaehnende weltenall
und deinen namen traegt er
er singt ihn mit geheimnistrunkener stimme
die aus dem gellenden schreien
millionen offener menschenmaeuler
noch hervorsticht wie unverbranntes holz
in einem haufen asche –

deiner!

lachender tag

lachend der tag
und voll duftender hyazinthen
an dem ich dir nah bin – nicht nur
in aschenen, einsamen gedanken
und da mein durstiges auge
dich abtastet wie im heissen rausch
und sich mehr und mehr
in mich hineinbrennt

noch schmerzt es nicht

aber es ist dieses bange zittern
das mich ganz krank macht
wenn meine augen
nicht an dir trinken
und du fort bist

der sturm

von augenblick zu augenblick
und ohne jedes leise zeichen
einer fruehen warnung
entfesselt sich
aus dem schlafenden nichts
ein blinder sturm ohne jedwedes ziel
und er rast trunken von einer tobenden sucht
durch die berge und taeler eurer verfaulten luegenwelten
und immer staerker aufbrausend schickt er
kaum noch atem holend und bereits kurz
vor dem eigenen kollabieren
eine welle der gewaltsamen zerstoerung nach der anderen
immer wieder neue angriffswellen
wie von tausend peitschenhieben und hammerschlaegen
durch die stinkenden gassen
eurer ewig verdorbenen seelen.

Goldene Zukunft

Mein Freund!
denk nicht mehr an die Scheisse,
die hinter Dir liegt,
sondern an die Pisse vor Dir.

vollkommen

ein meer von feuer
darin ich schwimme
den kopf hoch erhoben
in den hellichten himmel
und schwarzer vogelflug
durchkreuzt schwebend
die silbernen wolken
bald schon sinkend

hinter allen wellen
den ewig brennenden
am aschenen ufer
des frohen verderbens
in unerreichter zufriedenheit
sich bewegt die
einsame gestalt
als stummer schatten koerperlos

nur ihre frierenden traenen
sind cremeweisse rettung mir

haltlos

spinne, du weisse!
web mir ein weiches netz
in das ich meinen mueden kopf
zum schlafe betten kann
und dann sing ein lied
sing es mir ganz allein
sing von rosendueften und
dem fruehen ruf der amsel
sing von heiteren tagen und
dem sueßen geschmack roter aepfel
sing vom munteren meeresrauschen und
der sonne strahlen die
meine traenen trocknen, troesten
und wenn der traum zu ende ist
gib mir dein gift.

heimat

heimat, du schwarze!
dein ekler kuss laesst mich
langsam erstarren und
wie blind greife ich wenn
das feuer hinter den bergen
von neuem aufflammt (und sein ruß
die wolken vom himmel reisst)
nach deiner blutgetraenkten erde
die so warm ist und mir
stueck fuer stueck aus
rauhen haenden rinnt
und zurueckfaellt in die wiege wo
voller schmerz in weissen leinen
ein unschuldiger saeugling endlos
in die dunkelheit schreit

keine antwort

die wuermer

tausend nackte koerper
winden sich auf staubigem beton
mann neben weib und weib neben mann
sie sind so haesslich
wie die wuermer in deinem heiligen grab
und ich moechte mit vogelstimmen kraechzen
laut und klaeglich –
doch bei diesem anblick
versagt meine stimme

und sie finden mich

von meinem posten
reissen sie mich, der ich stehe,
mit blutenden haenden in die wimmelnde menge –
sie reissen mir die kleider von der weissen haut
und ich sinke hernieder zu ihnen
bin ganz wurm – so wie sie

biochemisch

du bist da
ich bin da
und nichts

dein name

hallo, erkennst du mich?
ich rufe deinen falschen namen.

hoerst du, wie schoen er klingt?
drei silben sind es nur!

ich selbst hab´ sie so gefuegt
dass sie dir gleichen

die erste deinem braunen haar
die zweite deinem weissen laecheln
die dritte deiner ganzen seele

ein sommerspiel

der schmetterling gesenkten fluegels
auch vor dir sein haupt neigt
und so er verharrt
bis er hinaufgleitet
an einem schmalen sonnenstrahl –
empor! immer weiter empor

dann, wenn er kaum noch
zu finden ist in den wolken
kehrt er wieder und bringt dir
ein himmlisches laecheln
und sein bebendes herz
das teurer als gold

seine fluegel zeigen dir nun –
nur dir zeigen sie es –
ein heiteres farbenspiel
das unwiderstehlich gleich dem gesang der sirenen
klingt durch die warmen luefte
und ruehrt den glanz
in deinen tiefen augen,
die sinne verwirrt

wie die blume stehst du da
schoen und in herrlicher bluete
und das sommerliche bewusstsein
atmet die gedanken in deinen berstenden kopf,
wo das glueck in feuerzungen tobt:

dieser tag ist einzig!

verstohlen streifen deine scheuen blicke
den tanzenden schmetterling
und verstohlen streifen
seine scheuen blicke dich

dann, in einem moment der stille,
setzt er sich

lesen

anwesend, abwesend
dein ganzes wesen
versteckt und zeigt sich
wie die blume die zur nacht
die bluete schliesst –
soll tag werden!
soll tag werden!

doch nacht ist
oder erst
daemme-
rung

und du liest leise
in einem roten buch
darauf kein zeichen
darin buchstaben-
kolonnen
aneinandergereiht
uebereinandergereiht
seite an seite
liest du mich
les ich dich
ewiglich

atem

der wind schuettelt
schwarze wolken
und treibt sie blind
durch neblige luefte

aber das ist nichts
ist alles nichts
gegen deinen heissen
odem, der mich
immer wieder streift
wenn im schlaf
wenn im traum ich

an dir
voruebergehe.

dein bild I

dein bild habe ich mir
aufgespannt am fernen horizont
der manchmal mir laechelt
so wie du
oder die rasende taeuschung

doch immer geschieht dies nur
wenn ich meinen blick senke
und die arme in den himmel gestreckt
im tobenden ozean versinke

was bleibt
sind blasen

alternierend

wenn ich dich sehe
und dann spaeter dieses bild
wieder hervorhole aus meinem kopf
so ist es ein fest
trunken von zahllosen widerspruechen
wo die gaeste zuerst tanzen
bald kriegerisch kaempfen
fuer nichts, wider nichts
und es moechte mich
ganz und gar zerreissen.

inferno i

feuerschluende aufgesperrt
zu beiden seiten
des sandigen weges
auf dem er geht
wie ein koenig
wie ein krieger

vorwaerts!

asche und rauch
die schmelzglut fliesst
erstickt schwarz die ruinen
frisst langsam die baeume
von denen kein vogel

schreit

und jede hand
die ihn geleiten moechte
will ihn doch nur
in die flammen ziehen
will ihn doch nur
brennen sehen wie sie selbst
einst brannten

wiedersehen

deine lippen von tiefem purpur
so begegnen wir uns naechtens wieder

in deinem gesicht steht ein fahler mond
verkratert liegt die ganze seele

und wie aus nebelverhangenen augen
schaust du mich huendisch-traurig an

was mache ich nur
mit deiner leiche

verheissung

befreit von jeder hoffnung
und ganz entspannt –
die himmlische erloesung
heimlich vorgefuehlt

zieht ER uebers feld
hinkend! strauchelnd?

die taschen sind leer
sehr leer, so leer

ER

in der kueche

ein stueckchen wolke
abgeschnitten und vom
siedenden himmel
gefallen
direkt in die
alte pfanne
wo gruenes oliven-
oel schon blonde
blasen schlaegt

es duftet!

alaska

komm, wir gehen nach alaska
und gruenden eine sonnenblumenfarm
oder vielleicht gehen wir dort
lieber hoch hinaus in die berge
und lassen uns von einer lawine

begraben

die naechste bitte

eine alte welt geht unter –
oh duestere verlockung!
so soll es denn sein
war sie auch noch so jung
was hilft´s
und wer hat es
nicht anders vorherbestimmt?

mit dem kuehlen dolch in der hand
sticht er noch einmal
der sterbenden mitten ins herz
ihre augen sind schon geschlossen
und kein seufzer kommt
ueber ihre zerrissenen lippen

da geht sie von ihm,
diese welt, die fremde,
und wie bleich ist doch jetzt
ihr ewig verzaubertes gesicht!

noch ein letzter blick
der bald nicht mehr haftet
und abgleitet ins nichts –
eine aufloesung, die endet
im schlaefrigen vergessen

loslassen

besessen, versessen –
rasend gegen diese welt
und in stoerrischer umklammerung
erstarrt

was moechte er denn noch
ausser sich entspannen,
sich befreien
und loslassen,
was nicht
fuer seine haende bestimmt,
sie doch nur verbrennt
und wie kohle faerbt

er weiss
er kann es
er weiss
er tut es

auf jeder asche
wachsen einmal wieder
blumen

der hundeknochen

schlafender hund
wachender hund
froehlicher hund
trauriger hund

streunend!

jetzt hund.erst du dich
ueber diese worte

aber was soll´s,
denkst du dir –
und holst noch
einen neuen knochen
aus deiner hemdtasche,
weil der alte verschwunden ist
oder ploetzlich wie
ein besenstiel aussieht,
gar nicht mehr taugt
fuer deine spielchen

du installierst ihn
mit einem haken und einem faden
an der decke,
so dass er herabhaengt
und nie zu erreichen ist

doch der hund springt
und springt und springt
der hund springt und
springt und springt

das hast du ja wirklich
schoen hinbekommen!

kein manifest

alles broeckelt
auseinander
findet sich neu
zusammen

nichts bleibt
nur veraenderung
in allem und jedem
kein halten
bloss schweben
endlos das schweben
in friedlichen winden
und wütenden stürmen

die sterbende hand nur
schreibt sich ein manifest

Offenbarung II

Er sagte:

Ich bin die Dunkelheit,
die Nacht und das Vergessen

Und wenn meine Stimme, die edle,
ein neues blutend Wort gebiert,
da steigen tausend purpurne Raben
wie berauscht in den gaehnenden Himmel

Und Er sagte:

Ich bin das Ende,
der Tod und die Verwesung!

Wenn ich schweige, für einen Moment
nur meinen bleiernen Atem

... innehalte ...

dann hole ich wieder
eine verloren wandernde Seele
heim in mein ewiges Reich.

wiederkunft

eine alte melodie –
sehnend, klagend
traegt sie ihn fort
auf weichen noten
in eine welt
die laengst gestorben

die vergangenheit

wird sie genannt
und tausend erinnerungen
birgt sie unter einem
samtenen mantel
der glaenzt
der scheint
und spiegelt

eine herrlich andere zeit

fruehling und sommer!
ewige neugeburt
erwachen aus finsteren traeumen
und das tief vergrabene herz –
wie es den blaettern des baumes
eifrig den takt vorschlaegt
und den saft des lebens
siedend durch die ganz entleerten bahnen jagt;
so bricht es noch einmal hervor
aus felsen und gras und erde
und tanzt den frohen reigen
rot erleuchtet in den strahlen
einer jungfraeulichen sonne
die heute schon
ein zahnlos´ haesslich weib
und fett und muede ist

die melodie verstummt

verweht

geht

besinnung

schleichende aufloesung der form
entwertung, umwertung, sammlung des neuen

eines neuen

<

gedanke. reiner gedanke
streift er umher
auf vielen feldern

das korn

golden, an der spitze eisbesetzt
omen. wind und des heiligen
zerstoerung

tastatur schreib
stakkato!

kampf

in den graeben von
jericho

herz ist
an herz genaeht
eine lange linie

in der zeitung
nennt man sie
front

schwarze lettern
vergilbtes papier

sie pumpen das blut
in die trockene wueste

sie reden davon
im radio

stacheldraht und
der geruch von benzin

ein bericht
im farb-tv

weisse wolken
am himmel zerrissen

beton trifft
warmes blut

geballt schlaegt
die panzerfaust

an deine tuer –

oeffne!

2 uhr 30

naechtliche stille
unter schwarzem himmel
die augen suchen
nach dem zeichen
das die sterne
bilden

konstantes rauschen
die wellen
das meer
zwischen den bergen
die landstraße ist
noch immer
befahren

lauschen
ins ich

horchen
nach draussen

einheit
und spaltung

wechselnde blicke
eindruecke

verschoben
die perspektive

alles ist anders

die welt
das universum
ja, mehr noch

ist alles anders

und ich
als sonnenstrahl
bringe dich
mond

zum leuchten

vorwaerts

immer ist es
der weg

den er laeuft
den er geht
den er kriecht

die sonne will er sehen
die sonne rot und heiss

durch taeler
durch waelder
durch wuesten

laeuft
geht
und kriecht er

immer ist es
der weg

widerstand

der jaehe verlust des selbst
gewaltsam aufgesogen
von einer leeren masse
die schnaufend
wie einst das eis
ueber die erde walzt

veraendert nicht das geruest,
es bleibt stein

nur einen neuen mantel
hat es sich umgeworfen

wie ewiges feuer

abend am meer

ein moment der reinen klarheit?
rinnt aus sehnigen haenden
und
die feuchten augen gleiten ueber
die leichten wellen
huepfen
auf drei beinen
und vieren
wie ein
froehliches
kind

dort!
hoch oben

am kap
auf dem felsen

steht er

blickt hinab
blickt umher

denkt
sinnt

laesst sich
treiben

und draussen
auf dem meer
segle ich
auf einem
weissen schiff
als neuer koenig

mein langes haar
weht mit dem wind
und
die moewen
die haie
begleiten mich

von weit weg
sehe ich ihn
gegen die
untergehende sonne

er ist nur
eine schwarze
silhouette

fortgeweht

wieder weht der wind
aus einer anderen richtung
und wie ein welkes herbstblatt
wirft man ihn hinein

dass er fortweht
dass er fliegt

und er fliegt!

ueber die alten wege
grasbewachsenen ziele
erinnerungen, hoffnungen
seltsamen bilder

und er fliegt
fliegt!

von einer dunkelheit
in die naechste
von der kaelte
in die kaelte

wer haette das gedacht?

bald wird es
fruehling.

kaelte

auf dem eissee
die kaelte
deinen kopf
umwickelt

bahn um bahn

greift ihn!
packt ihn!
reisst ihn!

die augen –
von blindheit
schon geschlagen
doch hoeren die ohren
weisses wispern

ein letzter vogel
im gefrorenen schilf
klagt

weit
weit weg

laeuten die glocken
dein martyrium
ein

unruhe

silberne unruhe
die hin und her wiegt
irgendwo drinnen
die goldene unruhe
schlaegt und pocht
und hoehlt das herz aus
wie die gierigen flammen
eines kaminfeuers
das ein schlechtes buch
zerfrisst

die diamantene unruhe.

brdr

komm, bruder
nun trinke von meinem blut
denn heute nacht
sterbe ich allein fuer dich
sieben rote tode

und das band
das uns jetzt haelt
das uns noch fest und fester bindet

ist endlose ewigkeit
in einer welt
in der wir nichts sind –
nur geister

n vrlst?

zwischen den steinernen muehlenraedem
einer kargen, kalten zeit
zerreiben sie ganz langsam
dein bleiches herz
zu weichem pulver
fein und schwarz
und ziellos
es rieselt hinab
auf den hoelzernen boden
laesst sich forttragen
in der luft
wird in saecken gesammelt und
zum naechsten baecker
geschickt
der viele brote baeckt
damit man sie
bricht
kaut
hinunterschluckt und
verdaut

gedanken

ab einer bestimmten geschwindigkeit
fangen gedanken an zu brennen
und gegenseitig stecken sie sich an
geben das feuer weiter

hoerst du es?
hoerst du es knistern?

schicksal

der sonnenstrahl
der regentropfen –
sie lassen sich nicht
herbeizwingen

sie kommen
wann sie wollen
kommen ungerufen
herbei
und gehen
auf leisen sohlen
wieder fort
als waeren sie niemals
dagewesen

gar wenig erinnerung
bleibt zurueck
wenn sie entwichen –
vielleicht ist es
nur eine dunkle pfuetze
oder ein schwarz gebranntes feld
auf dem der bauer
klagend in den himmel schaut

aber wen schon
interessiert dies

denn

regentropfen und sonnenstrahl
sind einer macht ohne ordnung untertan
und staendig bestaendig spuckt diese auch
neues leben in die weite wueste bahn –
und nimmt dann anderes aus ihr heraus
(mit schmutzigen harten haenden)

ja, du, schwacher wille
der auch so stark gern waere
und der die alte traurig´ erde
nach eigenem wunsch
sich drehen sehen will
sollst einsam
verzweifeln
nun

der sonnenstrahl
der regentropfen –
sie lassen sich nicht
herbeizwingen

komposition

ein himmelweisses aufbluten deiner traeume
regnet vom hungrigen mond herab,
aber du! du kannst ihn nicht sehen,
weil er so finster ist

(laechle)

er traegt einen seidenen namen
der manchmal glaenzt wie pures mehliges gold
und seine starken staehlernen schultern –
gar steinig lasten auf ihnen
die sumpfig bis zaehen welten

und waehrend das alles
so lautlos fliesst vor sich hin –
einen galgen errichte ich dir fuer ein einzelnes wort!
da verfangen sich giftige spinnen
in deinen wehenden haaren

dann! bald! schon!
brueten sie den schwarzen sturm
nisten sterbend in heiligsten gedanken

unsere fahne

warten

warten
dass die zeit
die kommt
vergeht

warten auf
den gruenen wind
des fruehlings

warten auf die neue sonne
die ich wie eine orange
vom himmel pfluecken werde

warten
warten

(die voegel singen schon)

stille weite

in die weite
in die stille

lege ich mich
hinein

wie in ein
stehengebliebenes
stueck leben

wie in ein
der welt entrissenes
fragment

in einen foto-
grafischen moment!

der mich aufnimmt
und umstreichelt
mit blumen immer
bluehend, fort-
getragen von
den hoechsten
gruenen gipfeln,
die ewig doch
schneebedeckt
ruhen

in die stille
in die weite

werfe ich mich
hinein
wie in ein
stehengebliebenes
stueck leben

stille
weite

f.s.f.

prolog:

auf einem silbernen teller
bringe ich dir dreiundsechzig
worte gelbgruenen hasses

die stinkende luege
das brechen der knochen
maskiert dein gesicht der lack

lack broeckelt, hammer schlaegt
dein gesicht, die luege
das brechen der knochen

hoch oben noch
da unangreifbar stehst du
doch wackelt der sockel
schon

dein gesicht, die luege
das brechen der knochen
maskiert dein gesicht der lack

lack broeckelt, hammer schlaegt
dein weisses gesicht, die ewige luege

fxlsch? schwxrz! fxlsch?
fxlsch!

das-system

jeden-atemzug-vorgeatmet
eingeatmet-veratmet-ausgeatmet
schoen-geatmet-hast-du
faulen-atem--kein-atem
doch-atmet-man-sich-an

i-r-g-e-n-d-w-a-n-n

das-system-bist-auch-du
weil-du-leben-willst
ist-das-system
auch-in-dir

das-system-bist-auch-du
weil-du-leben-willst
ist-das-system
auch-in-dir

das-system-bist-auch-du
weil-du-leben-willst
ist-das-system
auch-in-dir

das-system-bist-auch-du
weil-du-leben-willst
ist-das-system
auch-in-dir

das-system-bist-auch-du
weil-du-leben-willst
ist-das-system
auch-in-dir

das-system-bist-auch-du
weil-du-leben-willst
ist-das-system
auch-in-dir

das-system-bist-auch-du
weil-du-leben-willst
ist-das-system
auch-in-dir

das-system-bist-auch-du
weil-du-leben-willst
ist-das-system
auch-in-dir

das-system-bist-auch-du
weil-du-leben-willst
ist-das-system
auch-in-dir

das-system-bist-auch-du
weil-du-leben-willst
ist-das-system
auch-in-dir

das-system-bist-auch-du
weil-du-leben-willst
ist-das-system
auch-in-dir

das-system-bist-auch-du
weil-du-leben-willst
ist-das-system
auch-in-dir

das-system-bist-auch-du
weil-du-leben-willst
ist-das-system
auch-in-dir

das-system-bist-auch-du
weil-du-leben-willst
ist-das-system
auch-in-dir

das-system-bist-auch-du
weil-du-leben-willst
ist-das-system
auch-in-dir

das-system-bist-auch-du
weil-du-leben-willst
ist-das-system
auch-in-dir

das-system-bist-auch-du
weil-du-leben-willst
ist-das-system
auch-in-dir

das-system-bist-auch-du
weil-du-leben-willst
ist-das-system
auch-in-dir

kein--e-n-d-e?

e!n!d!e!

zwaenge

du! ich!

zwei brueder im geiste
zwei brueder in waffen

sinnend
schweigend

– was denkst du?

nichts.

vielleicht doch.
ich muss denken.

sollen wir morgen
eine terroristische
vereinigung
gruenden?

– nein

wir muessen

s:o:g:a:r

atocha

wir alle
wollen leben
und sind doch nichts
als parasiten

nur wie ein pickel
auf deiner haut
sind wir

und wollen alle
leben

atocha ii

der donner ruft uns fort
ganz unverhofft

und spaeter
senken wir

unsere koepfe
in staehlerner stille

ein koerper faellt
und dort!

mein kind, was blutest du
aus beiden augen einen roten strom?

waehrend alles
angehalten ist

ruft der donner uns fort

und unverhofft
senken wir

die koepfe in
staehlerner stille

der mond

ich bin der mond zwei augen
ich gleite hinab in deinen traum
wie ein blinder flieger

ich bin der mond zwei augen
ich nehme dich fort auch wenn
du schreist und dich noch festkrallst

ich bin der mond zwei augen

ich nehme dich fort

die richtung

es ist ein zittern, ein beben auf der welt
etwas, dass einen zerreissen moechte
wieder und wieder

man sieht sich um
dann ist es weg
und doch

es lauert in den ewig langen straßen
auf denen die kleinen lichter feierabendlicher wagen
mit einer schwerelosen leichtigkeit
umherhuschen

sie alle haben
ein ziel

irrung

du fleisch, du blut
bist meines hirnes
sueßer nektar

eine wendung der perspektive nur

und

alles ist anders

portrait einer roten katze im siebten jahr

ueber und unter den dingen
stehend
mit einem schwarzen
laecheln

schnurrend schnurrt
die katze –
rot im siebten jahr

gegensatz

die schoenheit ist schoen,
weil man sie nie erreichen kann –
und der traum ein traum,
weil er zerbricht
so bald man ihn fassen will

das herz aber bleibt
ungeruehrt.

an die vergaenglichkeit

gefallen auf dem weiten feld der ehre
steinerne statue schwarzen gluecks!
hoch in den himmel nun
wird es dich erheben
auf einem goldenen strahl
den gesendet dir
der dunkle lichtbringer

die melodien,
die melodien!

wer kann sie nicht hoeren?

sie preisen
deinen fruehen tod
deine roten taten
deinen lorbeerumkraenzten

triumph

steinerne statue schwarzen gluecks!
gefallen auf dem weiten feld der ehre

meine wissenschaft

die letzte abstraktionsstufe
haben wir bald erreicht

wir muessen die buchtstaben
nur noch ein wenig

sc^{h}uett$_{e}$ln

anlehnung an nietzsche

ich liebe die, welche sich nie zeigen,
da sie die wahrhaft schoenen sind –

einsam brennend auf einsamen fluge

flammende pfeile
in dunkler ewigkeit

Wegweiser

Besuchen Sie meine Projekte im Weltnetz:

www.seelengruende.de ist die Seite zu diesem Buch.

Auf *www.anti-literatur.de* finden Sie eine recht umfangreiche Auswahl meiner lyrischen und prosaischen Werke, die ständig erweitert wird. Ausserdem können Sie dort einige Gastautoren lesen und verschiedenes Zusatzmaterial wie Bildschirmhintergründe oder Übersetzungen meiner Texte in die russische Sprache erhalten.

Unter *www.versalia.de* treffen Sie auf mein Literaturportal mit nützlichen Verweisen zu anderen Literaturseiten, einem Archiv klassischer Werke, Biographien, Rezensionen, einem literarischen Diskussionsforum und einer virtuellen Netzgemeinschaft mit der Möglichkeit, eigene Texte zu veröffentlichen.

www.literatur100.de bietet eine eher bunte Mischung an Verweisen zu Literaturseiten im Netz. Vom Hobbypoeten bis zum seriösen Autoren ist alles vertreten.

www.kunstgalerie.org ist die Netzgemeinschaft für Künstler, Kunstgalerien und alle Freunde der Kunst. Hier zeigen Künstler einen Querschnitt ihrer Werke und veröffentlichen Kunstgalerien ihre aktuellen Ausstellungstermine. Mit Diskussionsforum, Verweiskatalog u.v.m.

Auf *www.zerovision.de* präsentiert sich meine eigene Firma. Dort können Sie auch eine Auswahl meines fotografischen Werkes für sich entdecken.

Arne-Wigand Baganz